DÉTAILS DU VITRAIL DE LA CATHÉDRALE DE ROUEN.

VITRAIL DE LA CATHÉDRALE DE SÉEZ.

Panneau du Vitrail de Rouen.

LA LÉGENDE

DE

S^T JULIEN LE PAUVRE,

D'après

UN MANUSCRIT DE LA BIBLIOTHEQUE D'ALENÇON,

Par M. Lecointre-Dupont.

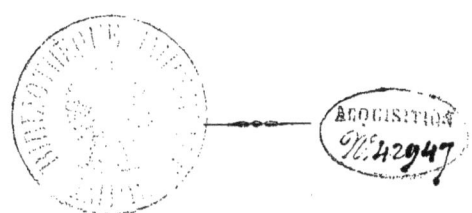

POITIERS,
DE L'IMPRIMERIE DE F.-A. SAURIN.

1839.

LA LÉGENDE

DE

St JULIEN LE PAUVRE.

Lorsqu'aux grands jours de fête le château du moyen-âge ne retentissait point des chants profanes de guerre et d'amour, que la harpe du barde restait muette, et que le dictié du trouvère, le fabliau du jongleur étaient proscrits par la solennité du jour, de pieux récits, de saintes légendes charmaient les loisirs du manoir féodal.

Les exercices ascétiques, les pénitences et les macérations des saints, leur charité ardente, leur abnégation héroïque, n'auraient point captivé seuls un auditoire vain et léger, qui ne respirait que batailles, amour, blasons, tournois et aventures; aussi la vérité historique ne présidait pas toujours à ces contes dévots, et la pieuse fraude du narrateur, pour donner quelque attrait aux utiles vérités qu'il voulait faire entendre, imaginait en l'honneur des saints une haute généalogie, de périlleux voyages, de brillants faits d'armes au milieu des combats ou de grands coups d'épée à l'encontre des diables, et mille fictions merveilleuses qui ne le céderaient point aux gestes les plus poétiques des demi-dieux de la fable, si elles avaient été chantées par un Homère, un Virgile, un Hésiode ou un Sophocle.

A l'OEdipe de l'antiquité la mythologie du moyen-âge

peut opposer son saint Julien le Pauvre. Vincent de Beauvais, Jacques de Voragine, Thomas Friard, les Bollandistes et nombre d'autres écrivains moins connus, qui ont dit la merveilleuse histoire de Julien, ont ignoré l'origine de ce saint. Mais un frère prêcheur, qui en savait sur son compte beaucoup plus long que les hagiographes que j'ai cités, en donnant sa vie dans un manuscrit malheureusement incomplet de la bibliothèque d'Alençon, place son berceau dans nos provinces de l'Ouest. C'est donc à l'imagination de nos pères qu'est due sans doute cette poétique légende ; c'est dans nos vieux châteaux qu'elle fut d'abord contée ; et, maintenant qu'elle est presque oubliée, sur la foi d'un *auteur respectable* qui promet grand plaisir à tous ceux qui voudront bien l'entendre (1), je me hasarde à vous la répéter. Puisse-t-elle avoir pour beaucoup d'entre vous l'agrément de la nouveauté, pour les autres le charme d'un souvenir, ne vous rappelât-elle que la complainte autrefois populaire :

> Considérez la pénitence
> Et la grande persévérance
> Du bon Julien l'hospitalier.
> Son histoire est très-véritable ;
> Adonc il était allié
> A des gens très-considérables.

Ces gens très-considérables étaient, selon notre manuscrit, Geoffroi et Emma, comte et comtesse d'Anjou et du Maine. Emma était au Mans (2) quand elle conçut Julien,

---

(1) *Uns preudon raconte la vie monseignor saint Julien que il a tranlatée de latin en romanz, et dit que cil qui l'escouteront volentiers i auront mult granz deliz.* Commencement de la vie de saint Julien dans le manuscrit d'Alençon.

(2) Deux paroisses du diocèse du Mans sont sous le vocable de

— 5 —

et elle vit en songe sortir de son corps un monstre à forme humaine qui la dévorait elle et son mari.

La naissance d'un fils donna grande joie au comte qui n'avait point d'enfants. Il y eut grandes fêtes et grands tournois dans toute la terre d'Anjou; tous les pauvres obtinrent largesse, toutes les prisons s'ouvrirent, et l'enfant reçut au baptême le nom de Julien, nom qui signifie *joyeux*, d'après l'étymologie trouvée par Jacques de Voragine (1).

Julien en grandissant justifiait cet heureux nom; les grâces et la force se développaient en lui; de blonds cheveux ombrageaient son front; sa taille était élancée : on admirait sa mâle beauté, son maintien gracieux; et sa mère l'aimait tant qu'elle mit tout son cœur à l'aimer, et quand il lui souvenait du songe elle se prenait à pleurer.

Après qu'il eut atteint sept ans, il fut, comme on est à cet âge, amateur passionné de déduits de chasse, de chiens et d'oiseaux. Rien ne lui plaisait tant que courir les forêts; et, passait-il un jour loin des bois, l'ennui déjà le prenait. Un soir, il avait lassé ses chiens, et ses compagnons fatigués l'invitaient au retour : *Allez-vous-en, leur dit-il, moi je ne vais point encore quitter ce bois, je veux y chercher aventure.* Et prenant son arc il s'enfonce dans la forêt et se dérobe à ceux de ses compagnons qui persistent à le suivre. Bientôt il aperçoit un cerf couché dans le fourré; il tend son arc, et va frapper la bête, quand elle se retourne et se met à crier : *Enfant, ne me tue pas, je vais te dire ta destinée; tu dois tuer d'un seul coup ton père et ta mère.* L'enfant interdit a

---

saint Julien le Pauvre, et au Mans même une rue porte son nom.
(1) *Julianus à voce jubilans.* Jacobi de Voragine Leg. aurea, sub die xxvij januarii.

retenu sa flèche ; cependant il l'ajuste de nouveau, et le cerf répète : *Enfant, ne me frappe point, toi qui tueras d'un seul coup ton père et ta mère.* Julien recule d'étonnement et d'épouvante, puis derechef il vise à la bête, et la bête recommence à crier : *Enfant, pourquoi vouloir me frapper quand je te dis la vérité ? Tu dois tuer d'un seul coup ton père et ta mère. C'est là ta destinée : tu l'auras. Dieu seul pourrait t'en préserver.*

Tu en as menti, vilain animal, s'écrie l'enfant. *Jamais n'irai en lieu où soient mes père et mère.* Et, éperdu, atterré, suant d'angoisse, il brise son arc et ses flèches, jette sa chevelure au vent, arrache ses éperons, déchire ses brodequins, et fuit nuit et jour dans l'épaisseur des bois.

Longtemps il erra par sauvages terres nu-pieds et en pauvre habit. Comme un humble mendiant, il allait quérant au hasard le toit et le pain de l'hospitalité. Souvent il eut mauvais lit et mauvais gîte, maintes fois même pas d'abri. Les pluies et les vents, la fatigue et la souffrance l'avaient rendu méconnaissable. Enfin, après bien long voyage, il parvint jusqu'à Rome.

Le pape recevait alors les pèlerins de Jérusalem, et Julien vint avec eux se jeter à ses pieds. Il lui conta d'où il venait, quels étaient ses parents, et tout ce que le cerf lui avait prédit. A ces étranges paroles, le pape se signa, et relevant Julien : *C'est un fantôme qui t'a trompé,* dit-il ; *n'en doute point, tu n'as rien vu, rien entendu : va, je te le commande de par Dieu, retourne vers tes parents qui seront bien joyeux de te revoir. Repens-toi de les avoir ainsi quittés, et prie-les qu'ils te pardonnent tous les chagrins qu'ils auront eus pour toi.*

Oh non, Seigneur, répondit l'enfant, *non jamais ne retournerai en la contrée qu'habitent mes père et mère. Au nom de Dieu, mettez-moi la croix pour celui qui en croix fut mis. J'irai le servir de tout cœur aux lieux où il vécut, où il est mort; j'irai croisé ou non croisé.* Et s'agenouillant aux pieds du Saint Père, il pleurait et le conjurait doucement de lui donner la croix.

Ému par une résolution si ferme, le père des fidèles prit une attache de son manteau, la mit en croix, la bénit et la donna à l'enfant, en lui enseignant à bien vivre et à éviter le péché.

Je ne vous dirai point comment Julien passa en terre sainte et visita Jérusalem et tous les lieux où on lui dit qu'on devait faire pèlerinage, et point ne vous conterai les larmes et les prières qu'il versa sur le sépulcre du Seigneur, implorant la mort, plutôt que de faire le parricide que le cerf avait prédit. Sept années durant, vêtu seulement d'une peau de bête, il servit les lépreux sans vouloir nul salaire, car tout ce qu'il faisait, il le faisait pour Dieu; et pendant sept années il resta inconnu à tous, étranger à tous, et on ne s'enquit point d'où il venait ni qui il était, car, à le voir si pauvre, on ne pouvait soupçonner qu'il était fils d'un comte.

Ce temps passé, désir lui vint d'aller devers Saint-Jacques. Il pourrait, songeait-il, voir, chemin faisant, quelques pèlerins de son pays. Il saurait si le comte et la comtesse d'Anjou vivaient encore tous deux; et, si l'un ou l'autre n'était plus, lui il irait sans crainte consoler le survivant, il pourrait revoir son doux pays d'Anjou, ses forêts si connues, certain dès lors que le cerf aurait menti.

Il laissa donc les lépreux, prit nef à Saint-Jean-d'Acre avec les templiers qui le passèrent pour Dieu, et vint débarquer à Saint-Gilles où il trouva bonne compagnie qui cheminait vers Saint-Jacques.

Cependant Geoffroi avait longtemps cherché dans tout le

pays s'il retrouverait Julien, et sans cesse Emma priait Dieu de lui rendre son fils. *O Seigneur*, disait-elle, *vous m'avez ôté toute joie et enlevé tout réconfort que j'avais en ce monde. Rien ne saurait consoler mes douleurs, parce que je n'ai plus mon fils. Que puis-je faire, ô mon Dieu, pauvre et chétive que je suis ? Mais vous qui pouvez tout, oh ! rendez-moi mon enfant ; et, si j'ai péché contre vous, prenez vengeance sur moi-même, ne la prenez pas sur mon fils innocent.* Et chaque jour elle répétait sa prière, et elle faisait messes chanter, et elle habillait les pauvres, et nourrissait les mésiaux, et faisait aumône aux pèlerins. Mais ses larmes, ses prières et ses dons se répandaient en vain, et douze ans étaient passés sans que le comte et la comtesse eussent reçu quelque nouvelle de leur fils.

Comme leur tristesse allait toujours croissant, il vint en la pensée au comte d'aller nu-pieds à Saint-Gilles, et il s'apprêta en secret à partir ; mais il ne put le faire si à la dérobée que la comtesse ne devinât son dessein. Et un matin l'appelant à l'écart : *Sire*, fait-elle, *vous vous appareillez à aller en pèlerinage ouïr bonnes nouvelles de notre fils. Si irai-je avec vous, car je l'avais moi aussi en pensée.* — *Dame*, répond le comte, *ne savez mie de quoi voulez vous entremettre. Jamais ne pourriez aller ainsi deschause comme il convient de faire, et ne feriez que m'arrêter.* — *Oh ! Sire*, dit-elle, *plus que de ma peine ai souci de la vôtre. Il s'agit de revoir notre fils, rien ne me peut détourner. Je sais que Dieu nous rendra notre enfant, et il me tarde de partir. Une pucelle sans plus menerai pour mon service, et vous ne serez pas pour moi d'un seul jour retardé.*

Le lendemain ils s'acheminèrent en silence, et Emma s'efforçait à marcher, et semblait n'en sentir nulle fatigue, parce qu'elle le faisait pour son fils (1). A tous les pauvres qu'ils rencontraient sur leur route ils donnaient une aumône, et ils honoraient les saints des villes où ils passaient. Ainsi baisèrent-ils le pas imprimé par Jésus-Christ lui-même dans la cellule de Radégonde, et ils se prosternèrent devant les restes vénérés de l'apôtre de l'Aquitaine. Ils avaient bientôt atteint le but de leur pèlerinage, lorsqu'un soir ils virent un fier châtel, au donjon élancé, aux tours crénelées, dont les nombreux ponts baissés, dont les abords sans gardes annonçaient que le nom redouté du maître suffisait seul à le garder. Tout autour de belles moissons couvraient au loin la plaine, de nombreux troupeaux animaient la prairie, et sous le château une jolie ville respirait l'aisance, la paix et le bonheur.

Il est tard, dit le comte, *et il fait bon ici. Arrêtons-nous en ces lieux. Sans doute quelque saint les protége, et nous le prierons pour notre fils.* Cela dit, ils s'hébergèrent chez une veuve, et après le souper ils allèrent deviser au frais dans un préau où leur hôtesse les conduisit. *Dame*, fit Emma, *quel est le sire de céans? Il doit être brave et sage. Son châtel est le plus beau, sa terre la mieux tenue que j'aie vus sur ma route.*

« C'est une merveilleuse histoire que vous allez entendre, si Dieu m'aide à vous la raconter, lui repartit l'hôtesse. La fortune conseille ceux qu'elle veut; elle abaisse les uns, elle

---

(1) Li quens apareilla isnelement son harnois et la contesse le sien. Entor Pentecoste se sont esmeu en tapinage. La dame s'efforça mult d'aler. Et ne li greva riens, ce li semble, parce que ele le faisoit por son filz. Et à tous les poures qu'il encontrèrent donnèrent de lor argent et cuiderent bien lor fil trové par les ausmones qu'il font. (Manuscrit d'Alençon.)

élève les autres. D'un pauvre pèlerin, qui quêtait dans nos rues le pain et l'hospitalité, elle a fait le puissant comte de ces lieux.

» Il y a cinq ans passés, la guerre désolait nos contrées, le fer et la flamme ravageaient ces campagnes aujourd'hui si brillantes, l'ennemi occupait la plaine, la ville était remplie de guerriers, de laboureurs et de troupeaux, et nul étranger ne pouvait s'héberger ni continuer sa route, parce que les ponts étaient brisés.

» Alors un pauvre pénitent, nommé Julien, qui allait à Saint-Jacques, implorait en vain un gîte pour sa nuit; chacun le repoussait comme un truand, et partout la porte et le pain lui étaient refusés. Comme il suppliait Dieu de lui donner hôtel, un chevalier entendit sa prière, et l'appelant à lui : *Tu es grand et fort*, dit-il, *ne saurais-tu porter une lance ou une épée? Allons, viens avec moi, je te fais mon homme d'armes; et si Dieu veut te donner vaillance, grand bien promptement t'en adviendra.* Comme il parlait ainsi, le cri de guerre retentit; l'ennemi était aux portes, il enlevait le butin, il l'entraînait par force. Chacun s'arme, le comte du château s'élance le premier au combat, et ses chevaliers le suivent. Plus faible en nombre, mais plus forte en courage, la gent du comte balaye la colline et accule l'ennemi sur un gué. Alors l'action devient terrible, et des deux parts de nombreux guerriers mordent la poussière.

» Armé seulement de son bâton, le pèlerin avait suivi le chevalier; il fend la presse avec audace, renverse un ennemi, prend son cheval et son armure, et vole aux côtés du chevalier. Celui-ci, qui combat au premier rang, a son cheval tué dans la mêlée; Julien le remonte sur le coursier qu'il a conquis. Il s'attaque aux plus vaillants guerriers, il n'adresse aucun coup sans renverser son adversaire, et, franchissant le gué, il disperse le reste des ennemis.

» Tous les guerriers avaient admiré la vaillance du pèlerin, il avait surpassé les plus braves, il eut tout l'honneur du combat. Aussi, un dimanche ensuivant, le comte l'arma chevalier en grande pompe et lui donna les plus beaux coursiers et la plus belle armure. Jamais Julien ne voulait de repos, toujours il avait les armes en main et bien il savait s'en aider, plus de cent chevaliers tombèrent sous sa lance, et toute périlleuse entreprise il la menait à fin.

» Une journée me suffirait à peine pour vous conter la moitié de ses exploits. Longtemps sa vaillance donna la victoire à nos armes. Mais, un jour de fête, le comte sortit désarmé de son château, et ses ennemis le surprirent et le tuèrent. Nos guerriers pleurèrent longtemps sa perte, car du jour de sa mort ils furent bien fréquemment vaincus, parce qu'ils n'avaient plus de chef qui pût leur commander. Aussi les ennemis reprirent courage, et ils refusaient toutes trèves et toute paix.

» Seule, affligée, sans secours, sans alliés, la comtesse, malgré tout son mérite, ne pouvait soutenir la guerre. Elle n'avait mie vingt ans, et chaque jour elle voyait du haut de ses remparts sa terre dévastée par l'ennemi, ses campagnes en cendres, ses défenseurs vaincus. Chaque jour sa gent s'amenuisait dans les combats, nul allié ne venait à son aide, elle n'espérait de secours de nulle part et n'avait personne à qui pouvoir se fier.

» Comme elle ne voyait rien dont elle ne fût dolente, les hauts hommes du pays s'assemblèrent, et venant à elle : *Madame*, dirent-ils, *vos ennemis ne cessent point leurs attaques, et, depuis que notre sire est mort, ceux qui nous combattent ont toujours triomphé. Vos alliés vous ont abandonnée, vos défenseurs* ont été pris ou tués, et vos forteresses vous seront bientôt enlevées si vous n'écoutez promptement nos conseils. Au nom du ciel, donnez-vous un époux qui défende vos biens et votre honneur, à nous un capitaine qui nous guide aux combats. Vous avez en votre terre le plus beau et le plus vaillant chevalier qui existe, prenez-le pour seigneur. Julien saura protéger vos domaines quand ils seront les siens.

» *Seigneurs*, répondit doucement la comtesse, *vous me l'offrez, je le prends volontiers; que Dieu me donne en lui et profit et honneur.*

» Aussitôt les cris de joie retentirent, toute la ville fut en fête. Les seigneurs allèrent chercher Julien, et le conduisirent en grande pompe à la comtesse; et, quand le prêtre eut béni leur union, il y eut grandes joutes et grands tournois et belles appertises d'armes, et tous les chevaliers firent l'hommage et le guet au nouveau comte. Puis ils sortirent avec lui dans la plaine, et fondirent sur l'ennemi qui ne put résister à leur audace. Chaque jour chevaliers et sergents accouraient sous sa bannière, jaloux de combattre sous un chef si redouté. Aussi les ennemis aux abois vinrent bientôt implorer sa clémence et déposer à ses pieds les clefs de leurs châteaux.

» Depuis ce temps le pays est en paix sous les lois de Julien. Il rend à ses sujets prompte et bonne justice, et, entouré de brillants écuyers, il prend chaque jour dans nos forêts les plus nobles loisirs. »

Suspendus à la bouche de leur hôtesse, le comte et la comtesse d'Anjou avaient écouté son récit avec un mélange d'inquiétude et d'espérance. Quand elle l'eut terminé, *Douce dame*, dit Geoffroi, *quel âge a votre comte, quel est son air, et quel est son pays ? — Sire*, fit-elle, *il n'a pas trente ans, et c'est le plus bel homme que j'aie vu de ma vie; ses cheveux sont blonds, son front élevé, sa taille haute et majestueuse; mais de sa naissance et de son pays il ne veut rien en dire, et nul étranger n'est venu dans ces lieux qui ait pu le connaître.*

Emma pleurait de joie, elle remerciait dans son cœur sainte Marie et saint Gilles du bon succès qui paraissait promis à son pèlerinage; et, comme la nuit fut venue, elle se retira avec Geoffroi dans une chambre bien close. Ils s'entretenaient ensemble comment ils pourraient voir le châtelain et s'assurer s'il était bien leur fils, et ainsi devisèrent-ils jusqu'au jour et point ne s'endormirent de la nuit.

Dès que l'aube fut levée ils montèrent au château, entrèrent jusques à la chapelle, et ils se tenaient humblement en prière à la porte, attendant si le comte paraîtrait, mais déjà il était parti pour prendre ses ébats dans la forêt. Après qu'ils eurent longtemps prié, le chapelain arriva, et Geoffroi allant à lui, *Nous sommes des pèlerins*, dit-il, *qui aurions grand désir de messe entendre, et voudrions voir le comte dont on dit si grand bien. — Le comte est déjà à la chasse*, répond le chapelain; *mais je vais chanter la messe à la comtesse, qui, pour rien au monde, ne manquerait à l'entendre un seul jour.*

La comtesse vint donc à la chapelle et fit longues oraisons. Elle s'appelait Basilisse (1); elle était pleine de vertu et de

---

(1) Le manuscrit d'Alençon ne donne point le nom de la femme de saint Julien; mais comme il paraît avoir emprunté quelques particularités à la vie de saint Julien l'Hospitalier, martyr d'Antioche, pour les donner à saint Julien le Pauvre, j'ai cru pouvoir, sans plus de scrupule, donner aussi à ce dernier la femme du premier. Quant à l'éloge de la dame, je suis exactement le manuscrit : *Or vous dirai de la contesse..... Ele n'avoit mie xx anz. Mes diex ne fist onques fame de sa valor. Et ce fu puis chose bien esprovée. Car, ausint come la rose seurmonte toutes autres flors en biauté, ausint estoit-ele plus*

piété, et, telle parmi les autres dames que la rose est au milieu des fleurs, elle était la plus belle et la plus accomplie des femmes de son siècle.

Plus d'une fois, aux premiers jours de son hymen, alors que d'habitude l'amour ne tait rien à l'amour, Basilisse, prenant son époux dans ses bras : *Julien*, lui disait-elle, *puisque vous m'avez à femme, ne pourriez-vous me dire quel nom ont vos parents et quelle terre ils habitent?* Et Julien lui répondait : *Mon père si a nom Geoffroi et ma mère Emma, et sont comte et comtesse du pays où ils sont nés; mais point n'en saurez davantage.* Elle avait bien retenu ces noms en sa mémoire, et souvent elle priait le ciel de lui donner de connaître les parents de Julien. Lors donc qu'elle sortit de la chapelle, Emma l'aborda, et lui dit : *Dame, je suis Emma, comtesse d'Anjou, et voici le comte Geoffroi, mon mari. Nous allons nupieds à Saint-Gilles, nous allons querre notre fils Julien, qui s'est desvié à la chasse il y a tantôt douze ans. Partout nous l'avons fait chercher, sans de nulle part en avoir de nouvelles; mais nous avons fiance que Dieu nous le rendra.* — *Chers parents*, répondit la châtelaine, *remercions Dieu, vous avez retrouvé votre fils. Votre Julien est mon époux. Maintenant il est à chasser dans les bois, mais il reviendra ce soir et vous le reverrez. Venez, venez en l'attendant vous reposer. Oh! combien vous êtes fatigués d'avoir supporté tel voyage, moi je sais bien que j'en mourrais.* — Cela dit, la châtelaine les conduisit au château, puis, dit la complainte,

<blockquote>
Les fit dîner, coucher ensuite
Dans son lit très-honnêtement
Ces gens de si bonne conduite (1).
</blockquote>

bele et plus sage des autres dames du pays et onques en son tens ne fu fame se plaine de bontéz ne de si ferme foy.

(1) Voyez, je vous prie, femmes, et apprenez de celle-ci le res-

Et après les avoir entourés d'épaisses et moelleuses courtines, elle se retira avec ses femmes dans une autre partie du château, de peur de troubler leur repos; et bientôt un doux sommeil endormit dans les bras l'un de l'autre les vieux époux enivrés de bonheur.

Julien cependant avait fait chasse heureuse et avait quitté les bois plus tôt que de coutume. Il arrive, impatient de revoir Basilisse, il vole droit à sa chambre, et, à la clarté douteuse de la porte entr'ouverte, il entrevoit dans son lit deux personnes endormies. Sa femme est adultère, songe-t-il, et il frappe.... L'oracle est accompli.

L'âme égarée et le cœur plein d'une joie féroce pour la triste vengeance qu'il croyait faite à son honneur, Julien contemplait avec des yeux hagards le lit ensanglanté. Au moment même, la chaste Basilisse, rayonnante de bonheur, accourait vers lui en lui tendant les bras : *Oh! Julien,* disait-elle, *soyez en grande joie. J'ai là tels hôtes qui bien vous surprendront, Geoffroi le comte d'Anjou et la comtesse*

pect que vous devez à vos beau-père et belle-mère. Cette bonne dame s'estant informée de ces bonnes gens qui ils estoient et ceux qu'ils demandoient, reconnut que s'estoit vrayment le père et la mère de son mary : et les receut avec une grande affection, les caressant et les traittant comme s'ils eussent esté les siens propres : après quoy l'heure de se reposer estant venue elle les invita de prendre repos. C'estoit à la vérité une femme bien nourrie et qui sçavoit bien en quoy consistoit le point d'honneur : car encore qu'il y eust beaucoup de lits beaux et honnestes en d'autres chambres où elle pouvoit librement et honnestement les accomoder; toutefois pour un plus grand respect elle leur quite et cède le sien : tesmoignage certes de l'affection qu'elle avoit envers son mary. — Thomas Friard, Vie des Saints, p. 292.

Emma. Ah! sire, pourquoi me cachiez-vous qu'ils étaient vos parents? Ces bons parents, ils vont, pour vous chercher, tout nu-pieds à Saint-Gilles et sont bien travaillés. Voyez-les, je les ai mis coucher en notre lit.

A ces mots, comme frappé de la foudre, Julien tombe renversé; et, quand longtemps après il revint à lui-même: *Misérable, dit-il, pourquoi ai-je tant vécu! Pèlerin de Saint-Jacques, j'ai oublié ma foi et mon pèlerinage, j'ai suivi le démon et l'orgueil; aussi j'ai tué mes bons parents, j'ai accompli la prédiction du cerf. Adieu donc, trop aimée sœur, adieu; adieu, pauvre je vins en cette terre, pauvre je la fuis pour toujours. Adieu dès maintenant, car il ne sera plus de repos pour moi avant que je sache que Dieu agrée ma pénitence. — Non, bon frère, non, tu ne me quitteras point,* répondit Basilisse, *avec toi je fuirai, comme toi je livrerai mon corps à la souffrance. J'ai été la compagne de tes joies, je partagerai tes peines et ton exil, et nous aurons ensemble tout le mal et le bien que Dieu nous donnera* (1).

A l'instant ils revêtent les haillons de la misère, et, muets, se frappant la poitrine, ils fuient les murs témoins du parricide. Sans argent et sans guide, ils errent à l'aventure au milieu des forêts, chargés de leurs sombres pensées. Les glands et les faînes des bois, et le pain noir que leur jette la pitié des bûcherons, font leur seule nourriture, et les antres

---

(1) Heu, inquit, impletum est verbum cervi, quia ego meos parentes occidi. Jam nunc vale, dulcissima soror, quia jam de cætero non quiescam, donec acceptaverit Dominus penitentiam meam. Cui illa: Absit, inquit, dulcissime frater, ut sine me discedas, et, quæ fui particeps gaudii, non sim et particeps doloris. Mecum ergò sustine quicquid sufferre decreveris. — Vincent de Beauvais, Miroir historial, liv. ix, c. 115.

sauvages font leur seul abri. Nulle voix ne saurait dire leurs tourments.

Après qu'ils eurent longtemps promené leurs souffrances et leur misère, ils parvinrent sur les bords du Gardon. Le courant était profond et rapide, et il n'y avait point de gué où l'on pût le traverser. Deux nautoniers passaient les voyageurs dans un bac, et chacun qu'ils passaient, tant pauvre et mésaisé fût-il, leur donnait deux deniers, et s'il ne pouvait payer, ils le jetaient à l'eau. En vain Julien les pria-t-il de le passer pour Dieu lui et sa femme, pour ce qu'ils n'avaient point d'argent; ils le repoussèrent avec menaces et blasphèmes, et éloignèrent leur barque du rivage.

Assis tristement sur la rive, Julien et sa femme pourpensaient en eux-mêmes comment ils pourraient passer outre : *Sire*, dit Basilisse, *restons toujours sur ce rivage et travaillons à avoir un bateau. Jamais nul homme souffreteux ne viendra, sans que nous le passions pour Dieu.*

Ce projet leur plut fort, et de suite ils se mirent à l'ouvrage, travaillant moult et gagnant peu, tant qu'ils purent acheter une barque et se bâtir sur la rive une cabane pour héberger les malheureux qui en avaient *mestier* et le demandaient pour Dieu. Depuis huit ans ils n'avaient point cessé de servir les pèlerins et les pauvres, et, au moyen de ce qu'ils avaient reçu, ils avaient pu élever un hospice où ils prodiguaient tous leurs soins aux voyageurs qu'ils passaient dans leur barque, donnant pour Dieu tout ce qu'on leur donnait, sans rien garder pour eux. Le renom de leur charité s'était au loin répandu; tous les mendiants du pays connaissaient bien leur hôtel et y venaient souvent, et chaque jour leur amenait des hôtes. Un soir cependant il se fit une horrible tempête, qui dura sans cesser tout le jour et la nuit, et personne n'osait quitter l'abri qui le couvrait. Basilisse se tenait constamment à sa porte où elle attendait des hôtes, et elle s'affligeait de n'en pas voir venir, car elle craignait que Dieu ne l'eût abandonnée : *Seigneur, disait-elle, donnez-moi de grâce tels hôtes que vous voudrez, et bien les servirai du mieux que je pourrai.* Le jour passa et la nuit vint, et point ne se calma l'orage et point n'arriva d'hôte. De plus en plus inquiète et troublée dans son cœur, Basilisse ne pouvait s'endormir. Assise sur son lit, l'oreille en attente, elle se plaignait de la pluie et des vents qui lui ôtaient ses hôtes; et les sourds grondements de la foudre, et les mugissements des flots, et les combats des vents répondaient seuls à sa plainte. *Dame,* lui disait Julien, *reposez-vous tranquille. Quel homme eût pu, par cet orage, s'aventurer dehors; et si Dieu ne nous donne pas tout ce que nous voulons, devons-nous penser de là qu'il soit irrité contre nous?* Et, cela dit, lui-même commençait à dormir, lorsque le vent apporta à la chambre ce cri plaintif poussé delà les eaux : *Ah! Julien, pour Dieu passez-moi.* — *Levez-vous au plus tôt,* lui cria Basilisse, *il me semble que j'ai entendu une voix qui vient delà le fleuve. C'est quelque pauvre qui vous attend : vite allez le chercher, ou bien je l'irai querre, si vous n'avez assez cure du bien que Dieu consent à vous donner.* — Et au même instant le cri revint plus lamentable : *Ah! Julien, pour Dieu passez-moi, je suis plein de mésaise.*

L'orage augmentait sans cesse; la nuit était sans étoiles; gonflé par les pluies, le torrent se précipitait en épais bouillons avec un bruit effrayant qui allait se répétant de cascade en cascade et d'écho en écho tout le long du rivage. A la lueur vacillante d'un brasier que Basilisse a allumé sur le bord du fleuve, Julien pousse sa nacelle au large, les vents le rejettent à la rive; il lutte et il avance; le courant l'entraîne, et la tempête couvre sa barque de flots et d'éclairs. Il ne perd point courage; il prie Dieu de lui donner de sauver le malheureux qui l'appelle; fort de sa charité, il méprise les dangers, et redoublant d'efforts il atteint enfin la rive opposée. Quand il fut descendu de la barque : *Où êtes-vous, s'écria-t-il, vous qui m'avez appelé? Confiez-vous vite à ma conduite; tant pauvre et souffreteux soyez-vous, vous n'en serez pas moins bien reçu.* Il parlait encore, quand à ses pieds la foudre éclaira d'un sillon blafard la hideuse figure d'un lépreux demi-mort. *Seigneur,* dit le pauvre d'une voix éteinte, *hébergez-moi pour cette nuit seulement; je suis un malheureux mesiaux tout rempli de souffrances, si faible que je ne puis marcher. Au nom de Dieu, portez-moi dans vos bras, et le Seigneur vous rende tout le bien que vous voudrez me faire.*

Julien le prit sur ses bras, l'appuya contre sa poitrine, et le front rongé d'ulcères du lépreux retomba sur le front de son hôte, et le sang livide des plaies du pauvre roula sur les joues et sur la bouche de Julien, qui le souffrit avec joie, car il le faisait pour Dieu, et il avait toujours en souvenance la passion de Jésus-Christ qui le réconfortait. Il le porta ainsi jusqu'à la nef, traversa le fleuve, et, aidé de Basilisse, il déposa le lépreux dans sa maison, sur le coussin le plus moelleux qu'il put trouver. Les deux époux eurent bientôt allumé un brasier ardent; et ils commencèrent à laver les plaies du pauvre, et à couvrir de chauds vêtements ses membres transis, et ils l'efforçaient de manger, car il était encore à jeun : mais rien ne pouvait échauffer son corps plus froid que neige; et plus le feu était vif, plus le lépreux refroidissait.

En vain Julien et Basilisse ont redoublé leurs soins hospitaliers et multiplié leurs efforts.

La glace de la mort gagne déjà le cœur du pauvre; sa voix est tout-à-fait éteinte, et déjà ses yeux obscurcis ne voient plus la lumière. Il va donc mourir?..... Non. La courageuse charité de ses hôtes n'a point encore été poussée à son comble ; ils n'ont point encore assez bravé pour Dieu le danger de la plus affreuse existence ; ils n'ont point encore assez vaincu tous les dégoûts de la nature. Maintenant les saints époux étendent entre eux, dans leur lit, le corps glacé du pauvre, leurs membres couvrent ses plaies hideuses, pressent ses chairs en lambeaux, et enfin, ranimée par leur chaleur, la vie recommence à circuler peu à peu dans les veines du lépreux.

Tenant ainsi entre eux le lépreux réchauffé, et heureux du succès de leur héroïque dévoûment, Julien et Basilisse avaient cédé à la fatigue de la nuit et s'étaient endormis tous les deux ; ou plutôt, sans doute, une main divine avait appesanti leurs sens et avait fermé leurs yeux. Tout-à-coup les sons d'un concert angélique remplissent la chambre où reposent les saints époux, les parfums du ciel mille fois plus délicieux que le lis et la rose embaument l'air qu'ils respirent, et une douce clarté répandue autour de leur lit éclaire un dôme d'un azur diaphane. Le lépreux avait disparu ; mais, rayonnant de lumière et de gloire, le Sauveur des hommes s'élevait majestueusement vers les cieux et bénissait ses hôtes : *Julien, disait-il, j'ai agréé ta pénitence en faveur de ta grande charité ; bientôt tu en auras la récompense, et vous reposerez tous les deux pour toujours dans le sein de celui que vous avez reçu.*

Peu de jours après, en effet, Julien et Basilisse avaient quitté la terre. Aucuns disent qu'ils confessèrent ensemble la foi de Jésus-Christ, et qu'ils ajoutèrent aux mérites de leurs bonnes œuvres la couronne du martyre. Selon d'autres hagiographes, ils s'endormirent doucement dans le Seigneur, et leurs âmes, portées sur les ailes des chérubins, dans un cercle d'étoiles, s'envolèrent au bienheureux séjour que leur hôte leur avait préparé (1). De là elles protègent encore les pèlerins et les pauvres qui errent ici-bas. Aussi, quand le voyageur, égaré dans sa route, cherche vainement un gîte pour sa nuit, s'il se recommande avec confiance à la vertu des saints époux, s'il dit une *pate-nôtre* en leur honneur, son humble prière lui obtient toujours de trouver un abri (2).

Le manuscrit d'Alençon est de format petit in-folio, écrit sur deux colonnes et relié entre deux ais. Après avoir fait partie de la bibliothèque de l'hôtel de Castellane, il était passé dans le chartrier de l'abbaye de Saint-Evroult. C'est ce que nous apprennent ces deux mentions écrites sur le premier feuillet : *Ex bibliothecâ Castellanâ. — Ex monrio Sti Ebrulphi, congregatñois Sti Mauri,* 1711. Il contient deux ouvrages bien distincts, d'abord une espèce de catéchisme ou de traité dogmatique sur les péchés capitaux, figurés par *les sept chefs de la beste que saint Jehan vit*, sur le symbole, les commandements, les vertus, la manière de bien mourir et les dons du Saint-Esprit ; puis, les vies des apôtres, des évangélistes et des martyrs (3), enrichies de

(1) Voir le panneau supérieur du vitrail de la cathédrale de Rouen.

(2) Et encontre avient que quant aucuns est destroiz d'ostel, si doit-il dire la pat'nostre en honor de lui et de sa fame; et pour l'âme de son père et de sa mère, et Diex le conseille d'ostel. — Manuscrit d'Alençon.

Vincent de Beauvais intitule ainsi le chapitre où il parle de notre saint : *De alio Juliano pro quo dicitur oratio dominica.*

(3) Saint Julien le Pauvre est classé au nombre des martyrs.

tous les merveilleux détails dont les a chargées l'imagination des légendaires. Malheureusement il présente beaucoup de lacunes et de transpositions. Ainsi, après avoir trouvé un feuillet de la vie de mon saint au milieu des sept têtes de la bête de l'Apocalypse, j'ai vainement cherché la page qui devait contenir le récit de la vision et du martyre de Julien ; ainsi la vie de saint Pierre manque totalement, et *la conversion monseigneur seint Pol li beneoiz apostres nostre Seigneur Jhu-Crist, si comme il fu convertiz et li-meesmes converti plusieurs*, est en tête de ce qui nous reste du second des deux ouvrages.

A la fin du traité sur les dons du Saint-Esprit, est écrite cette note : *Ce livre compila et fist 1 frère del ordre des prescheurs à la requeste dou roy de France Phelippe : en l'an de l'incarnacion nostre Seigneur Jhu-Crist* MIL CCLXXIX.

Je n'hésite pas à attribuer au même auteur les Vies des saints. J'y retrouve les mêmes expressions, les mêmes tournures de phrases, et quelquefois le même fonds de pensées. Dans l'un comme dans l'autre ouvrage, le style paraît modelé sur la chronique de Villehardouin.

Malheureusement ce n'est point un original que possède la bibliothèque d'Alençon, c'est une copie assez incorrecte, qui me paraît dater de la seconde moitié du quatorzième siècle, et qui n'offre d'autres ornements que des initiales assez mal colorées en carmin et en azur.

Tel n'était pas sans doute le manuscrit qui fut offert au fils et au successeur de saint Louis. Nous eussions vu sur ses marges la mise en action de son texte ; ses précieuses vignettes eussent déroulé à nos yeux et le cerf fatidique, et les splendeurs de Rome, et les austères images des lieux saints, puis les combats et les tournois du moyen-âge, et

Julien sur son trône recevant l'hommage des vassaux qui l'ont élu pour comte. Peut-être eussions-nous retrouvé aux pieds du tombeau de Radégonde le comte et la comtesse d'Anjou, priant Dieu pour leur fils. Mais bientôt le peintre eût assombri ses couleurs; il nous aurait montré le parricide, puis Julien sous son crime fuyant avec Basilisse à travers les forêts, et sa barque chancelante au milieu des éléments bouleversés; puis enfin, animant de flots d'or les tons les plus suaves de laque et d'azur, il eût fait descendre sur la terre les tentes éternelles, les chœurs des séraphins, et le Roi dont la beauté toujours nouvelle fait le bonheur des élus.

Ces miniatures ont existé sans doute, et sans doute comme tant d'autres elles ont péri pour toujours. Mais il est encore des monuments debout sur lesquels l'*imagier* du moyen-âge a transcrit les infortunes et le triomphe de notre saint. En Belgique, vous retrouverez fréquemment son image : c'est un jeune chevalier qui porte sur sa main une petite nacelle avec un cerf à ses côtés (1). Dans la cathédrale de Rouen, le vitrail de l'aile gauche qui fait face à la quatrième arcade du chœur nous offre dans ses nombreux panneaux les scènes diverses de sa vie (2). Dans la cathédrale de Séez, les verrières de la première chapelle à gauche, au-dessus du transept, nous le montrent encore. Ici, la couronne en tête, il est assis sur le trône où l'ont placé sa vaillance et la main de Basilisse; là il frappe de sa hache les au-

---

(1) Voir dans les Bollandistes, *Acta Sanctorum januarii*, tom. 2, pag. 974.

(2) Voir l'Essai sur la peinture sur verre, par Hiacynthe Langlois; et le procès-verbal de la Société libre d'émulation de Rouen, année 1823, pag. 46 et pl. 1re.

teurs de ses jours. La tête du comte d'Anjou a déjà roulé à terre, et l'arme est de nouveau levée pour un second parricide.

www.ingramcontent.com/pod-product-compliance
Lightning Source LLC
Chambersburg PA
CBHW070457080426
42451CB00025B/2781